Impressum
Verlag: BABADADA GmbH, Nedderfeld 112 , 22529 Hamburg
Geschäftsführer / Verlagsleitung: Harald Hof
Druck: Books on Demand GmbH, In de Tarpen 42, 22848 Norderstedt

Imprint
Publisher: BABADADA GmbH, Nedderfeld 112 , 22529 Hamburg, Germany
Managing Director / Publishing direction: Harald Hof
Print: Books on Demand GmbH, In de Tarpen 42, 22848 Norderstedt, Germany

ትምህርት ቤት

escola

መማሪያ ክፍል
sala de aulas
ማካፈል
dividir
186/2
ሰሌዳ
quadro
የትምህርት ቤት ቅጥር ግቢ
pátio da escola
መምህር
professor
ወረቀት
papel
መፃፍ
escrever
እስክሪብቶ
caneta
መፃፊያ ጠረጴዛ
secretária
ማስመሪያ
régua
መጽሐፍ
livro
ተማሪ
aluno

የጀርባ ቦርሳ

mochila

የእርሳስ መያዣ

estojo de lápis

እርሳስ

lápis

የእርሳስ መቅረጫ

afia-lápis

ላጲስ

borracha

የስዕል ደብተር

bloco de desenho

ስዕል

desenho

የቀለም ብሩሽ

pincel

የቀለም ሳጥን

caixa de tintas

መቀስ

tesoura

ማጣበቂያ

cola

መልመጃ ደብተር

livro de exercícios

የቤት ስራ

trabalhos de casa

12

ቁጥር

número

2+2

መደመር

somar

5-2

መቀነስ

subtrair

2×2

ማባዛት

multiplicar

ቁጥሮችን ማስላት

calcular

A

ደብዳቤ

letra

ABCDEFG HIJKLMN OPQRSTU VWXYZ

ፊደላት

alfabeto

hello

ቃል

palavra

ፅሑፍ

texto

ማንበብ

ler

ጠመኔ

giz

ትምህርት

hora

ምዝገባ

registo de presenças

ፈተና

exame

ሰርተፊኬት

certificado

የትምህርት ቤት የደንብ ልብስ

uniforme escolar

ትምህርት

educação

አዉደ ጥበብ

enciclopédia

ዩኒቨርስቲ

universidade

የምርምር አጉሊ መሳርያ

microscópio

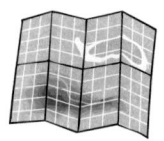

ካርታ

mapa

የቆሻሻ ወረቀት መጣያ ቅርጫት

cesto de lixo

ሆቴል
hotel

Grand

ማረፊያ ቤት
hostel

ROOMS

የዉጭ ገንዘብ ምንዛሪ
ቢሮ
casa de câmbio

ልብስ መያዣ
ሻንጣ
mala

መኪና
carro

ቋንቋ

idioma

አዎ/ አይደለም

sim / não

እሺ

ok / certo / correto

ሰላም

olá

አስተርጓሚ

intérprete

አመሰግናለሁ

obrigado

ስንት ነዉ.......?

quanto é que custa... ?

አልገባኝም

não entendo

እክል

problema

እንደምን አመሹ!

boa noite!

እንደምን አደሩ!

Bom dia!

መልካም ምሽት!

Boa noite!

ደህና ይሰንብቱ

adeus

አቅጣጫ

direção

ሻንጣ

bagagem

ቦርሳ

saco

የጀርባ ቦርሳ

mochila

እንግዳ

convidado

ክፍል

quarto

የመተኛ ቦርሳ

saco-cama

ድንኳን

tenda

የጎብኚዎች መረጃ

informação turística

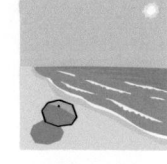

የባህር ዳርቻ

praia

ክሬዲት ካርድ

cartão de crédito

ቁርስ

pequeno-almoço

ምሳ

almoço

እራት

jantar

ቲኬት

bilhete

አሳንሰር

elevador

ማህተም

selo postal

ድንበር

fronteira

ባህሎች

alfândega

ኤምባሲ

embaixada

ቪዛ/የይለፍ ወረቀት

visto

ፓስፖርት

passaporte

መጓጓዣ
transporte

አዉሮፕላን
avião
መርከብ
navio
የእሳት አደጋ መኪና
carro de bombeiros
autocarro
የጭነት መኪና
camião
የሞተር ጀልባ
barco a motor
ብስክሌት
bicicleta
መኪና
carro

የማመላለሻ ጀልባ

cacilheiro

ጀልባ

barco

የሞተር ብስክሌት

mota

የፖሊስ መኪና

carro de polícia

የዉድድር መኪና

carro de corrida

የኪራይ መኪና

carro alugado

የመኪና መጋራት
carsharing

ጎታች መኪና
camião de reboque

የቆሻሻ ጭነት መኪና
camião do lixo

ሞተር
motor

ነዳጅ
combustível

የቤንዚን ማደያ
estação de serviço

የመንገድ ምልክት
sinal de trânsito

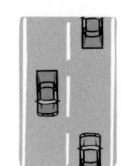

የመኪኖች እንቅስቃሴ
trânsito

የመኪና መጨናነቅ
congestionamento de trânsito

የመኪና ማቆሚያ
parque de estacionamento

የባቡር ጣቢያ
estação ferroviária

የባቡር ሀዲዶች
carris

ባቡር
comboio

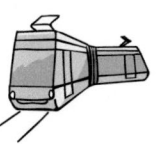

የኤሌክትሪክ ባቡር
elétrico

ሰረገላ
carruagem

ሄሊኮፕተር

helicóptero

አየር ማረፊያ

aeroporto

ማማ

torre

መንገደኛ

passageiro

ማስቀመጫ፤ ማጠራቀሚያ

contentor

ካርቶን እቃ ማሸጊያ

caixa de papelão

ጋሪ፤ ተሳቢ

carrinho

ቅርጫት

cesto

መነሳት/ ማረፍ

levantar voo / aterrar

ከተማ

cidade

መንደር

aldeia

የከተማ ማዕከል

centro da cidade

ቤት

casa

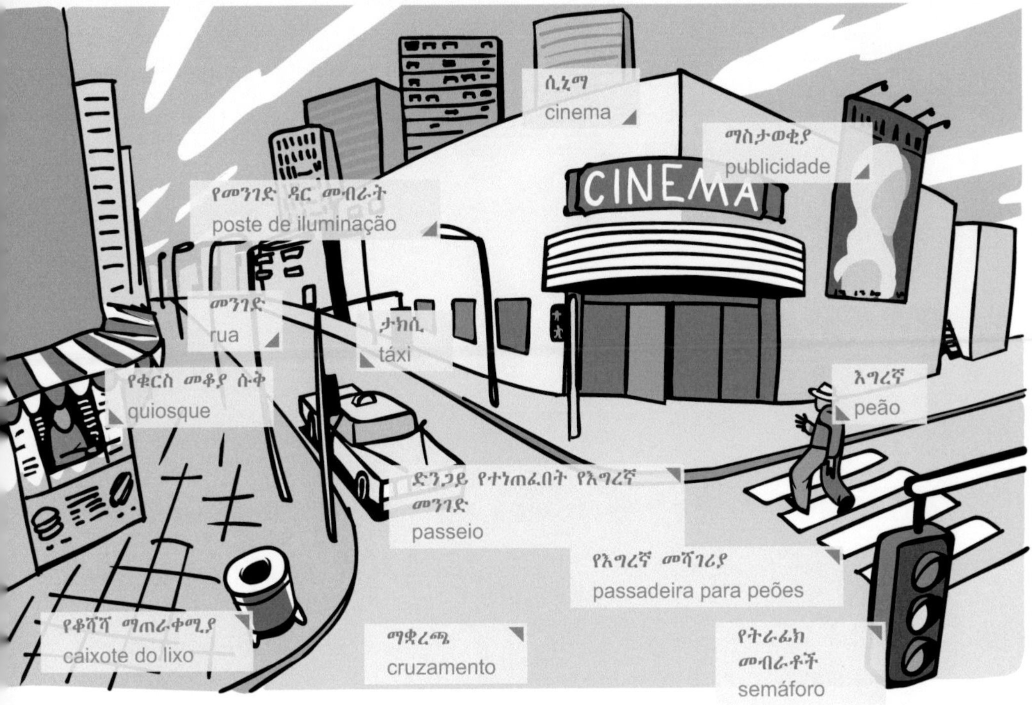

ሲኒማ
cinema
CINEMA
ማስታወቂያ
publicidade
የመንገድ ዳር መብራት
poste de iluminação
መንገድ
rua
ታክሲ
táxi
የቁርስ መቆያ ሱቅ
quiosque
እግረኛ
peão
ድንጋይ የተነጠፈበት የእግረኛ መንገድ
passeio
የእግረኛ መሻገሪያ
passadeira para peões
የቆሻሻ ማጠራቀሚያ
caixote do lixo
ማቋረጫ
cruzamento
የትራፊክ መብራቶች
semáforo

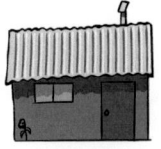

ጎጆ

cabana

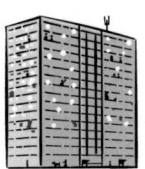

አፓርታማ

apartamento

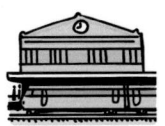

የባቡር ጣቢያ

estação ferroviária

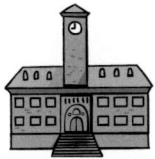

የከተማ አዳራሽ

câmara municipal

MUSEUM

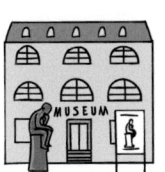

ቤተ መዘክር

museu

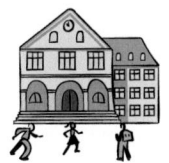

ትምህርት ቤት

escola

ዩኒቨርስቲ

universidade

ባንክ

banco

ሆስፒታል

hospital

ሆቴል

hotel

መድሐኒት ቤት

farmácia

ቢሮ

escritório

መፅሐፍ መሸጫ

livraria

ሱቅ

loja

የአበባ መሸጫ

florista

የሸቀጣ ሸቀጥ መደብር

supermercado

ገበያ ስፍራ

mercado

መደብር

loja de departamentos

የዓሳ ነጋዴ

peixaria

የገበያ ማዕከል

centro comercial

ወደብ

porto

መናፈሻ ቦታ

parque

አግዳሚ ወንበር

banco

ድልድይ

ponte

ደረጃዎች

escadas

ዉስጥ ለዉስጥ

metro

ዋሻ

túnel

የአዉቶቡስ ፌርማታ

paragem de autocarro

ባር

bar

ምግብ ቤት

restaurante

የፖስታ ሳጥን

caixa de correio

የመንገድ ምልክት

sinal de trânsito

የመኪና ማቆሚያ ሒሳብ የሚያሰላ ማሽን

parquímetro

የደር እንስሳት ማቆያ

jardim zoológico

የመዋኛ ገንዳ

piscina

መስጊድ

mesquita

እርሻ

quinta

የሚበክል ነገር

poluição

መቃብር ስፍራ

cemitério

ቤተ ክርስቲያን

igreja

መጫወቻ ሜዳ

parque infantil

ቤተ መቅደስ

templo

መልከዓምድር

paisagem

ቅጠል
folha
የመንገድ ላይ ምልክት
placa de sinalização
መንገድ
caminho
አረንጓዴ መስክ
prado
ድንጋይ
pedra
በእግሩ የሚጓዝ
caminhantes
ዛፍ
árvore
ወንዝ
rio
ሳር
relva
አበባ
flor

ሸለቆ

vale

ኮረብታ

montanha

ሀይቅ

lago

ጫካ

floresta

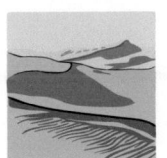

በረሃ

deserto

እሳተ ገሞራ

vulcão

ግምብ

castelo

ቀስተ ዳመና

arco-íris

እንጉዳይ

cogumelo

የቴምብር ዛፍ/ ዘንባባ

palma

ቢንቢ/ የወባ ትንኝ

mosquito

በራሪ

mosca

ጉንዳን

formiga

ንብ

abelha

ሸረሪት

aranha

ጢንዚዛ

besouro

እንቁራሪት

sapo

ሽኮኮ

esquilo

ጃርት

ouriço

ጥንቸል

lebre

ጉጉት ወፍ

coruja

ወፍ

pássaro

የዉሃ ዳክዬ

cisne

ከርከሮ

javali

አጋዘን

veado

አጋዘን

alce

ግድብ

barragem

በነፋስ የሚሽከረከር

turbina eólica

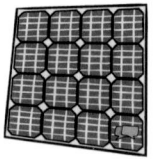

የፀሀይ ፓኔሎ

painel solar

አየር ንብረት

clima

ምግብ ቤት

restaurante

አስተናጋጅ
empregado de mesa
ማዉጫ
menu
ወንበር
cadeira
ሾርባ
sopa
ፒዛ
pizza
መክተፊያ
talheres
የጠረጴዛ ጨርቅ
toalha de mesa

የምግብ ፍላጎትን የሚከፍት ምግብ

entrada

ዋና ምግብ

prato principal

ማጣጣሚያ ተከታይ ምግብ

sobremesa

መጠጦች

bebidas

ምግብ

comida

ጠርሙስ

garrafa

ፈጣን ምግብ

fast food

የመንገድ ምግብ

comida de rua

የሻይ ማንቆርቆሪያ

bule de chá

የስኳር እቃ

açucareiro

ድርሻ

porção

የቡና ማፊያ ማሽን

máquina de café expresso

ባለጌ ወንበር

cadeira alta

የክፍያ ደረሰኝ

conta

ትሪ

bandeja

ቢላዋ

faca

ሹካ

garfo

ማንኪያ

colher

የሻይ ማንኪያ

colher de chá

ልብስ ምግብ እንዳይነካ የሚረዳ ጨርቅ

guardanapo

ብርጭቆ

copo

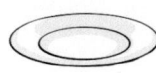

ዝርግ ሰሀን

prato

የሾርባ ጎድጓዳ ሰሀን

prato de sopa

የስኒ ማስቀመጫ

pires

ማጣፈጫ ስጎ

molho

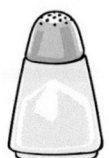

የጨዉ እቃ

saleiro

የተፈጨ ቃሪያ

moinho de pimenta

ኮምጣጤ

vinagre

የምግብ ዘይት

óleo

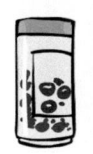

ቀመማ ቅመሞች

especiarias

የቲማቲም ድልህ

ketchup

ሰናፍጭ

mostarda

ማዮኒዝ

maionese

የሸቀጣ ሸቀጥ መደብር

supermercado

ልዩ አቅራቦት
oferta especial
FOR
ደምበኛ
cliente
የወተት ተዋፅዖ
laticínios
ፍራፍሬ
fruta
ባለ ጎማ የእጅ ጋሪ
carrinho de compras

ሉካንዳ ነጋዴ

talho

መጋገርያ

padaria

ክብደት መመዘን

pesar

ቅጠላ ቅጠል አትክልት

vegetais

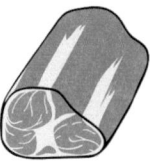

ስጋ

carne

የቀዘቀዘ/የረጋ ምግብ

alimentos congelados

ቀዝቃዛ ቁራጭ

charcutaria

የታሸገ ምግብ

comida enlatada

የማጠቢያ ዱቄት

detergente em pó

ጣፋጮች

doces

የቤት ዉስጥ ዉጤቶች

artigos domésticos

የፅዳት ምርቶች

produtos de limpeza

የሽያጭ ባለሙያ

vendedora

የገንዘብ መመዝቢያ ማሽን

caixa

የሒሳብ ሰራተኛ

caixa

የግዢ ዝርዝር

lista de compras

ክፍት ሰዓታት

horário de funcionamento

የኪስ ቦርሳ

carteira

ክሬዲት ካርድ

cartão de crédito

ቦርሳ

saco

የፕላስቲክ ቦርሳ

saco de plástico

መጠጦች

bebidas

ዉሃ

água

ጭማቂ

sumo

ወተት

leite

ኮካ-ኮላ

coca-cola

ወይን

vinho

ቢራ

cerveja

አልኮል

álcool

ኮካ

cacau

ሻይ

chá

ቡና

café

የተፈላ ቡና

café expresso

ካፑቺኖ

capuccino

ምግብ

comida

ሙዝ

banana

ፖም

maçã

ብርቱካን

laranja

ሀብሀብ

melão

ሎሚ

limão

ካሮት

cenoura

ነጭ ሽንኩርት

alho

ሸምበቆ

bambu

ቀይ ሽንኩርት

cebola

እንጉዳይ

cogumelo

ለዉዝ

nozes

የህፃናት ምግብ

talharim

ፓስታ

esparguete

ሩዝ

arroz

ሰላጣ

salada

የድንች ጥብስ

batatas fritas

ድንች ጥብስ

batatas fritas

ፒዛ

pizza

ዳቦ ዉስጥ በስሱ ተጠብሶ የገባ ስጋ

hambúrguer

ሳንድዊች

sanduíche

ጥሬ ስጋ

bife panado

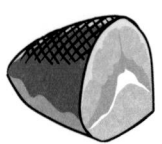

የአሳማ ስጋ

fiambre

በቅመምና በጨዉ የታሸ ምግብ ቀዝቅዞ የሚበላ ሾርባ ምግብ

salame

ቋሊማ

salsicha

ዶሮ

galinha

ጥብስ

assado

አሳ

peixe

የአጃ ገንፎ
flocos de aveia

ከወተት ጋር ተደባልቀዉ የሚበሉ ``ምግቦች``
muesli

የበቆሎ ቅርፊት
flocos de milho

ዱቄት
farinha

ኩራሳ
croissant

ድብልብል ዳቦ
carcaça (pãozinho)

ዳቦ
pão

መጥበስ
torrada

ብስኩት
biscoitos

ቅቤ
manteiga

እርጎ
requeijão

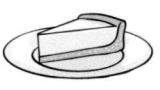

ኬክ
bolo

እንቁላል
ovo

እንቁላል ጥብስ
ovo estrelado

አይብ
queijo

x

የበረዶ ክሬም

gelado

ስኳር

açúcar

ማር

mel

ማርማላት

compota

የተናጠ የወተት ክሬም

creme de nougat

ማጣፈጫ

caril

እርሻ
quinta

የገበሬ ቤት
የጭድ ክምር
fardo de palha
የእህልና የከብት ማቀመጫ ቤት
celeiro
ሜዳ
campo
ፈረስ
cavalo
ተሳቢ መኪና
reboque
የእርሻ መኪና
trator
የፈረስ ዉርንጭላ
potro
አህያ
burro
በግ
ovelha
የበግ ጠቦት
cordeiro

ፍየል

cabra

ላም

vaca

ጥጃ

bezerro

አሳማ

porco

ግልገል አሳማ

leitão

ኮርማ

touro

ዝይ

ganso

ዳክዬ

pato

የዶሮ ጫጩት

pintaínho

ዶሮ

galinha

አዉራ ዶሮ

galo

አይጥ

ratazana

ደድመት

gato

አይጥ

rato

በሬ

boi

ዉሻ

cão

የዉሻ ቤት

casota

የአትክልት ቦታ

mangueira de jardim

ዉሃ ማጠጫ ባልዲ

regador

ረጅም ማጭድ

foice

ማረሻ

arado

ማጭድ

foice

መኮትኮቻ

enxada

የእህል መንሽ

forquilha

መጥረቢያ

machado

ኩርኩር/ የእጅ ጋሪ

carrinho de mão

ገንዳ

manjedoura

የወተት ዕቃ

jarro de leite

ጆንያ ከረጢት

saco

አጥር

cerca

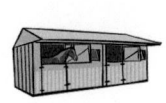

የፈረስ ጋጣ

estábulo

ዕፅዋት ማሳደጊያ የመስታዉት ቤት

estufa

አፈር

solo

ዘር

semente

የመሬት ማዳበሪያ

fertilizante

ጥምር ማረሻ

ceifeira-debulhadora

አዝመራ መሰብሰብ

colher

አዝመራ

colheita

ድንች

inhame

ስንዴ

trigo

ሶያ

soja

ድንች

batata

በቆሎ

milho

የከብት መኖ

colza

የፍሬ ዛፍ

árvore de fruto

የካሳቫ ዛፍ

mandioca

እህል

cereais

ቤት

casa

የጪስ ማውጫ
chaminé
ጣራ
telhado
caleira
መስኮት
janela
ጋራዥ
garagem
የበር ደወል
campainha da porta
በር
porta
የቆሻሻ ማጠራቀሚያ
balde do lixo
ፖስታ ሳጥን
caixa de correio
የአትክልት ቦታ
jardim

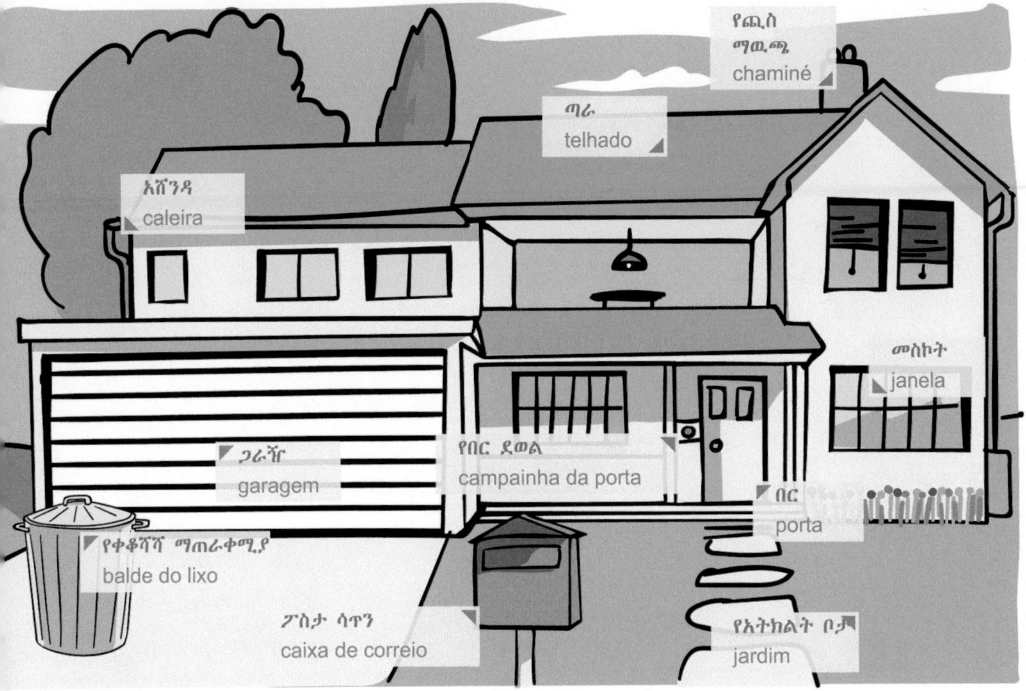

ሳሎን

sala de estar

መታጠቢያ ቤት

casa de banho

ማድቤት

cozinha

መኝታ ቤት

quarto de dormir

የልጅ ክፍል

quarto de criança

መመገቢያ ክፍል

sala de jantar

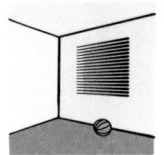

ወለል

chão

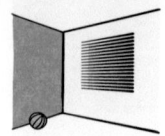

ግድግዳ

parede

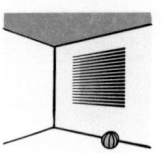

ጣሪያ

teto

ምድር ቤት

cave

በእንፋሎት ሙቀት መታጠቢያ
ቤት

sauna

ሰገነት

varanda

ከፍ ያለ መደብ

terraço

የመዋኛ ገንዳ

piscina

የማጨጃ መኪና

máquina de cortar relvado

አንሶላ

lençol

የአልጋ ልብስ

cobertor

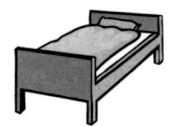

አልጋ

cama

መጥረጊያ

vassoura

ባልዲ

balde

ማብሪያና ማጥፊያ

interruptor

ሳሎን

sala de estar

ፎቶ
imagem
መብራት
lâmpada
መደርደሪያ
prateleira
ቁም ሳጥን፤ ካቢኔ
armário
televisão
የእሳት መሞቂያ
lareira
አበባ
flor
ትራስ
almofada
ሶፋ
sofá
የአበባ ማስቀመጫ
vaso
ሪሞት ኮንትሮል
controlo remoto

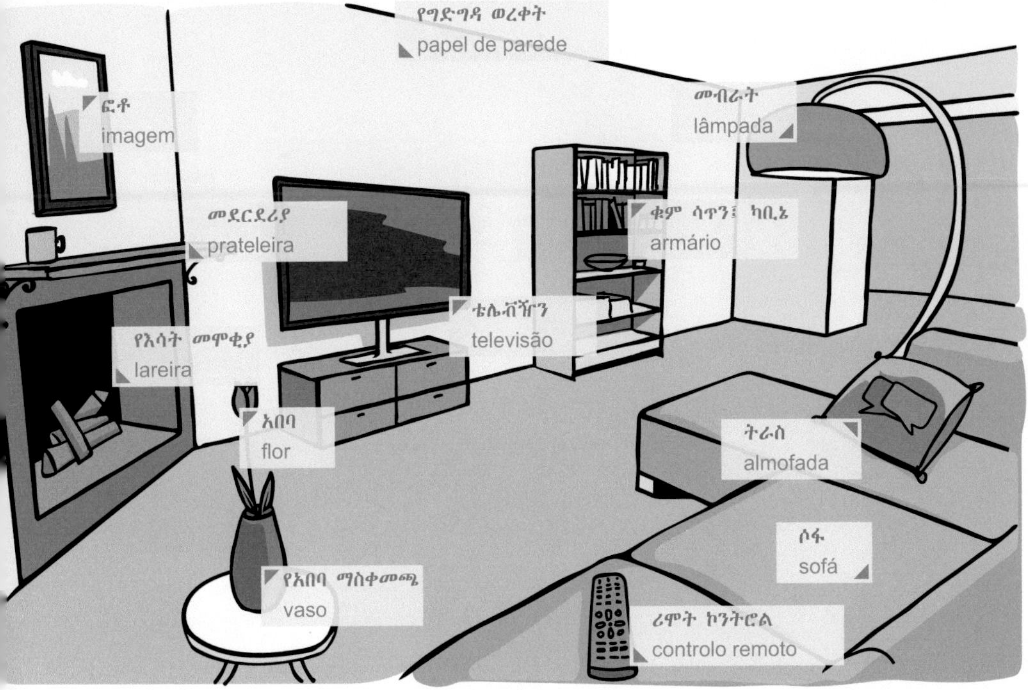

ንጣፍ

tapete

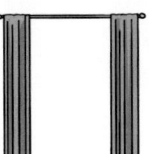

መጋረጃ

cortina

ጠረጴዛ

mesa

ወንበር

cadeira

ተወዛዋዥ ወንበር

cadeira de baloiço

ባለመደገፊያ ወንበር

poltrona

መጽሐፍ

livro

ብርድ ልብስ

cobertor

ጌጥ

decoração

ማገዶ

lenha

ፊልም

filme

የሙዚቃ መጫወቻ

sistema estéreo

ቁልፍ

chave

ጋዜጣ

jornal

ስዕል

pintura

የተለጠፈ ማስታወቂያ እንደ ስዕል

póster

ራዲዮ

rádio

ማስታወሻ ደብተር

bloco de notas

የአየር ማፅጃ ለምንጣፍ

aspirador

ቁልቋል

cato

ሻማ

vela

ማድቤት

cozinha

ማቀዝቀዣ
frigorífico
ማይክሮዌቭ ምግብ
ማብሰያ
microondas
የኩሽና መመዘኛ ሚዛን
balança de cozinha
ዳቦ መጥበሻ
torradeira
ንፁህ ማድረጊያ
detergente
ምድጃ
forno
ማቀዝቀዣ
congelador
የቆሻሻ ማጠራቀሚያ
balde do lixo
እቃ ማጠቢያ
máquina de lavar louça

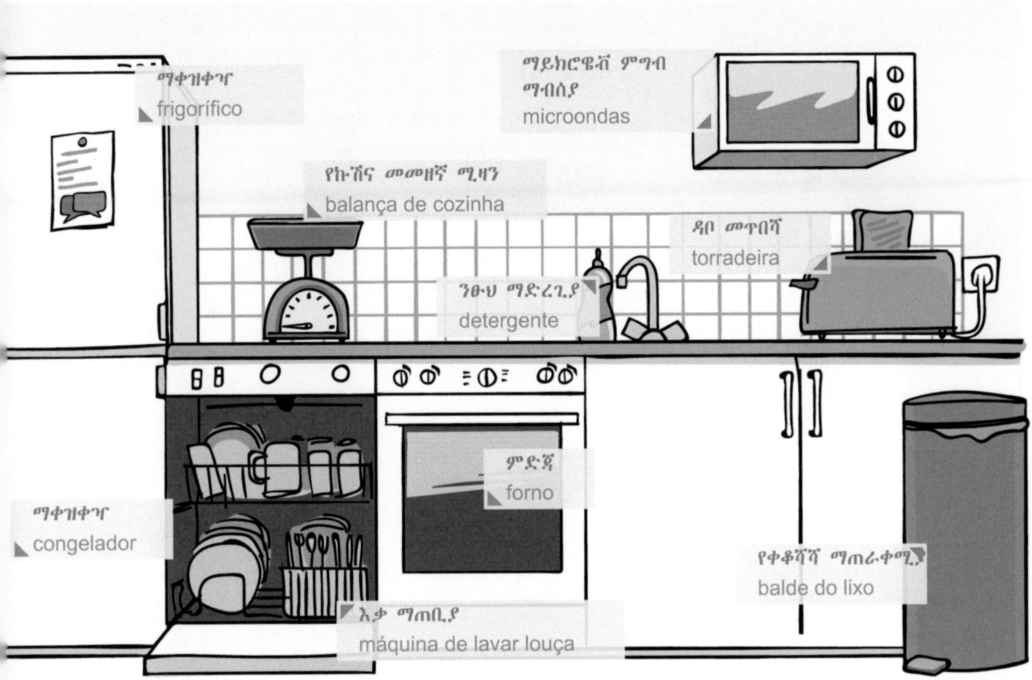

ምግብ አብሳይ

fogão

ማሰሮ

panela

የብረት ማሰሮ

panela de ferro

ምግብ ማብሰያ ዝርግ ድስት

wok / kadai

የምግብ መጥበሻ

frigideira

ማንቆርቆሪያ

chaleira

የእንፋሎት ማብሰያ

panela a vapor

የመጋገሪያ ትሪ

tabuleiro de forno

ሰብስቦች

louça

ትልቅ ኩባያ

caneca

ጎድጓዳ ሳህን

tigela

ቾፕስቲክስ

pauzinhos

ጭልፋ

concha de sopa

መሰቅሰቂያ ዝርግ ማንኪያ

espátula

ማደባለቂያ

batedor de claras

መወጠሪያ

escorredor

ወንፊት

peneira

መፈርፈሪያ መሳሪያ

ralador

ሲሚንቶ

almofariz

የፍም ጥብስ

churrasqueira

የተለቀቀ እሳት

lareira

መክተፊያ

tábua de cortar

ተንሸራታች መርፌ

rolo da massa

የጠርሙስ መክፈቻ

saca-rolhas

ጣሳ

lata

የጣሳ መክፈቻ

abridor de latas

የማሰሮ መሸፈኛ

luvas de forno

ሳህን ማጠቢያ

lava-loiça

ብሩሽ

escova

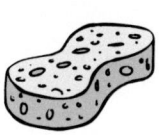

ስፖንጅ

esponja

መደባለቂያ መሳሪያ

liquidificador

በጣም ማቀዝቀዣ

arca frigorífica

ጡጦ

biberão

ቧንቧ

torneira

መታጠቢያ ቤት

casa de banho

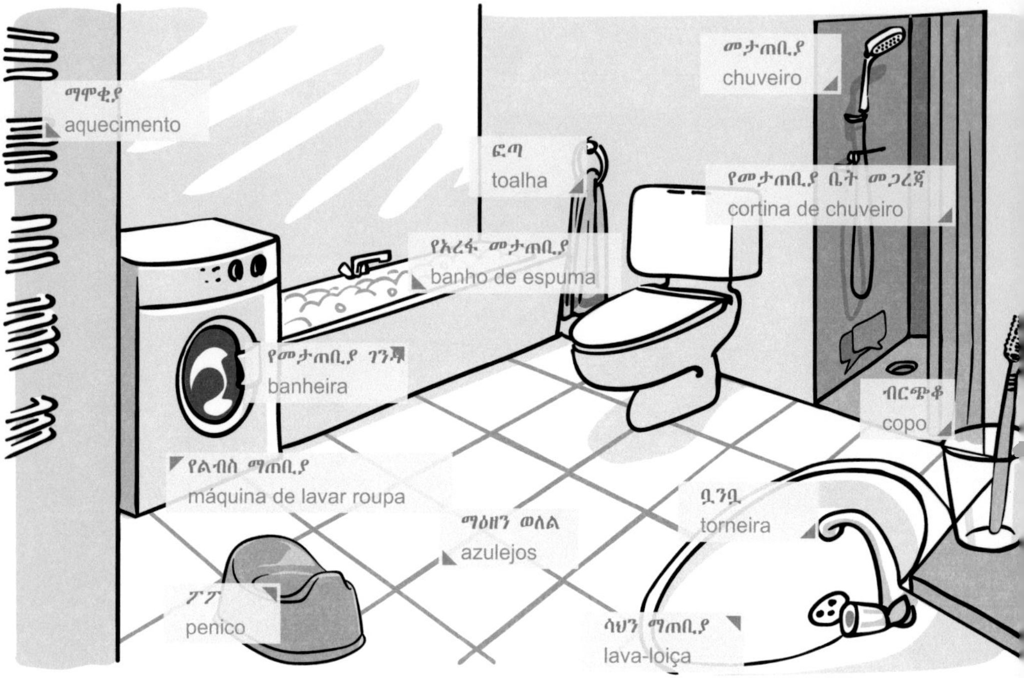

ማሞቂያ
aquecimento
መታጠቢያ
chuveiro
ፎጣ
toalha
የመታጠቢያ ቤት መጋረጃ
cortina de chuveiro
የአረፋ መታጠቢያ
banho de espuma
የመታጠቢያ ገንዳ
banheira
ብርጭቆ
copo
የልብስ ማጠቢያ
máquina de lavar roupa
torneira
ማፅዘን ወለል
azulejos
ፖፖ
penico
ሳህን ማጠቢያ
lava-loiça

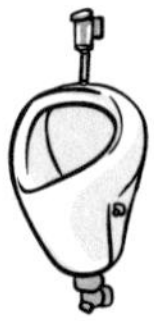

ሽንት ቤት

sanita

የሽንት ቤት መቀመጫ

retrete turca

ሳፋ

bidé

የመንገድ ዳር መሽኛ

urinol

የሽንት ቤት ወረቀት

papel higiénico

የሽንት ቤት ማፅጃ ብሩሽ

piaçaba

የጥርስ ብሩሽ

escova de dentes

የጥርስ ሳሙና

pasta de dentes

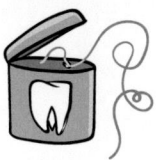

የጥርስ ማፅጃ ክር

fio dentário

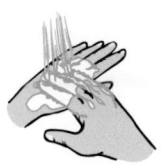

መታጠብ

lavar

የእጅ መታጠቢያ

chuveiro de mão

መታጠቢያ

duche íntimo

ጎድጓዳ ሳህን

bacia

የጀርባ ብሩሽ

escova para as costas

ሳሙና

sabonete

የመታጠቢያ የሚዝለገለግ ሳሙና

gel de banho

የፀጉር መታጠቢያ ሳሙና

champô

ለስላሳ ጨርቅ

toalha de rosto

ፍሳሽ

escoamento

ክሬም

creme

ጠረን መቀየሪያ ንጥረ ነገር

desodorizante

መስታወት
....
espelho

የእጅ መስታወት
....
espelho de mão

ምላጭ
....
máquina de barbear

የመላጫ አረፋ
....
creme de barbear

ከመላጨት በኋላ የሚቀባ ሽቱ
....
loção pós-barba

ማበጠሪያ
....
pente

ብሩሽ
....
escova

የፀጉር ማድረቂያ
....
secador de cabelo

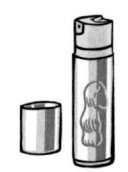

በፀጉር ላይ የሚነፋ
....
spray de cabelo

የፊት መቀባቢያ
....
maquilhagem

የከንፈር ቀለም
....
batom

የጥፍር ቀለም
....
verniz de unhas

የጥጥ ሱፍ
....
algodão

ጥፍር መቁረጫ
....
tesoura para unhas

ሽቶ
....
perfume

ማጠቢያ ባልዲ

nécessaire

መቀመጫ

tamborete

ሚዛን

balança

የመታጠቢያ ልብስ

roupão de banho

የላስቲክ ጓንት

luvas de borracha

ሞዴስ

tampão

የፅዳት ፎጣ

penso higiénico

የሽንት ቤት ኬሚካል

WC químico

የልጅ ክፍል

quarto de criança

የማንቂያ ደዉል ሰዐት
despertador
የህፃን አሻንጉሊት
peluche
የመጫወቻ መኪና
carro de brincar
መጫወቻ
chocalho
የአሻንጉሊት ቤት
casa de bonecas
ስጦታ
presente

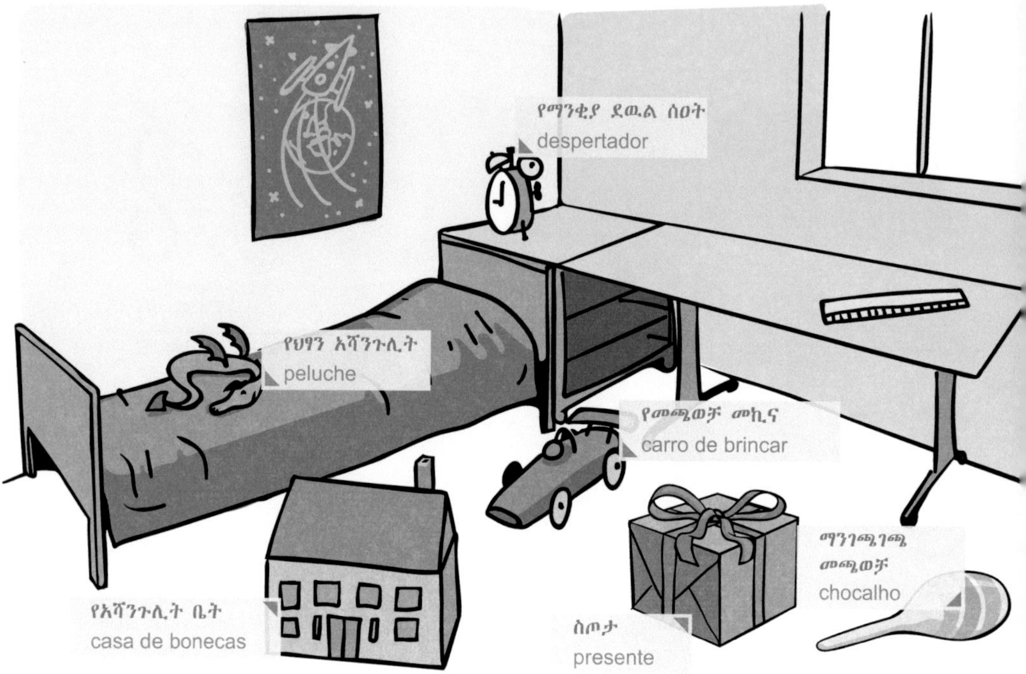

ፊኛ

balão

አልጋ

cama

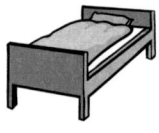

የህፃን ማንሸራሸሪያ ጋሪ

carrinho de bebé

የካርታ መጫወቻ

jogo de cartas

ቁርጥራጭ ምስሎችን የማገጣጠም
እና ምስል የማግኘት ጨዋታ

quebra-cabeças

አዝናኝ

banda desenhada

ተገጣጣሚ መጫወቻ

peças de Lego

የመጫወቻ መገጣጠሚያዎች

blocos de construção

የድርጊት ምስል

figura de ação

የህፃን እድገት

fato de bebé

የፕላስቲክ መጫወቻ ዝርግ ሰሀን

Frisbee

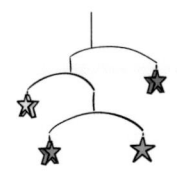

ተወዛዋዥ የህፃን ማጫወቻ

móbile para bebé

የሰሌዳ ጨዋታ

jogo de tabuleiro

የመጫወቻ ጠጠር

dados

የመጫወቻ ባቡር

pista de comboio elétrico

የእንጀራ እናት ጡጦ

chupeta

ድግስ

festa

የስዕል መፅሀፍ

livro ilustrado

ኳስ

bola

አሻንጉሊት

boneca

መጫወት

jogar

የአሸዋ መጫወቻ

caixa de areia

ዥዋዥዌ

baloiço

መጫወቻዎች

brinquedos

የቪዲዮ መጫወቻ

consola de jogos

ባለ ሶስት ጎማ ብስክሌት

triciclo

የአሻንጉሊት ድብ

ursinho de peluche

ቁምሳጥን

guarda-roupa

አልባሳት

vestuário

ካልሲዎች

meias

ስቶኪንጎች

meias pelo joelho

ታይት

meias-calças

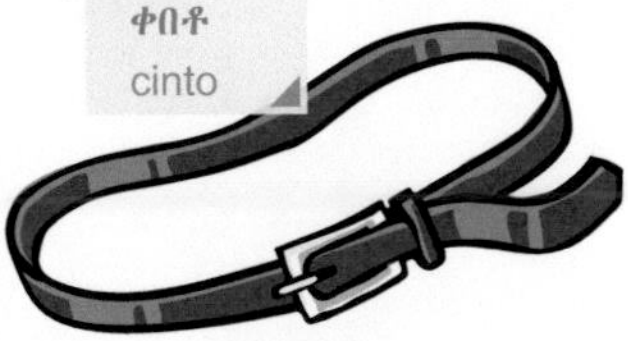

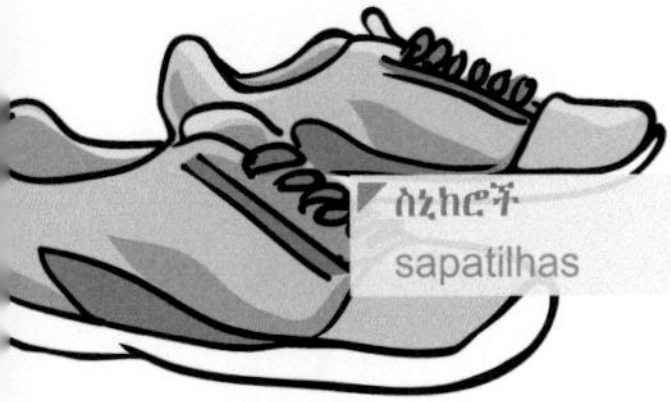

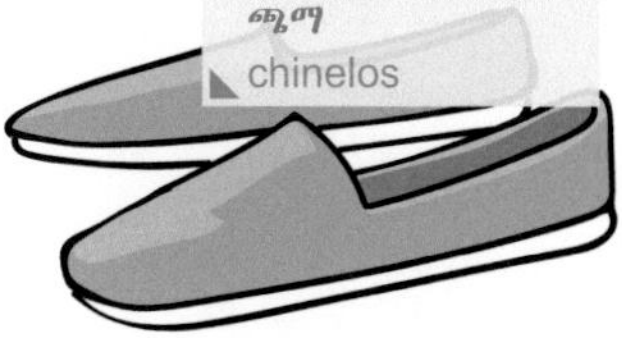

የአንገት ልብስ
cachecol

ዣንጥላ
guarda-chuva

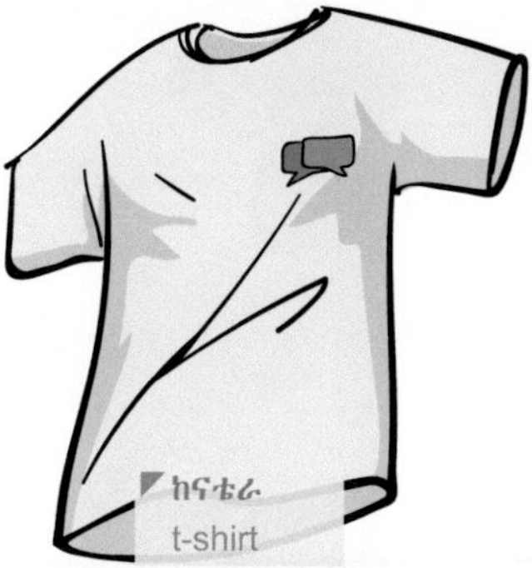

ቀበቶ
cinto

ክናቴራ
t-shirt

ቡቲ
botas

የቤት ዉስጥ ነጠላ ጫማ
chinelos

ስኒከሮች
sapatilhas

ነጠላ ጫማዎች
....
sandálias

ጫማዎች
....
sapatos

የዝናብ ቡ-ትስ
....
botas de borracha

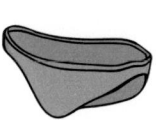

ሙታንታ
....
cuecas

ጡት መያዣ
....
sutiã

ሰደርያ
....
camisola interior

ሰዉነት

body

ሱሪዎች

calças

ጅንስ

calças de ganga

ጉርድ ቀሚስ

saia

ሸሚዝ

blusa

ሸሚዝ

camisa

የሚጠለቅ ሹራብ

pulôver

ሹራብ

camisola com capuz

ዩኒፎርም ጃኬት

blazer

ጃኬት

casaco

ኮት

manto

የዝናብ ኮት

gabardina

ልብስ

traje

ቀሚስ

vestido

የሙሽራ ቀሚስ

vestido de casamento

ሱፍ

fato

የለሊት ልብስ

camisa de dormir

የለሊት ልብስ

pijama

ረጅም ቀሚስ

sari

ሂጃብ

lenço de cabeça

ጥምጣም

turbante

ቡርቃ

burca

ሽርጥ

cafetã

አባያ

abaya

የዋና ልብስ

fato de banho

አጭር ቁምጣ

calções de banho

ቁምጣዎች

calções

የስራ ቱታ

fato de treino

ሽርጥ

avental

ጓንት

luvas

ቁልፍ

botão

መነፅር

óculos

አምባር

pulseira

የአንገት ሀብል

colar

ቀለበት

anel

የጆሮ ጌጥ

brinco

ኮፍያ

boné

የኮት መስቀያ

cabide

ኮፍያ

chapéu

ከረቫት

gravata

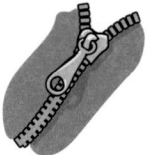

ዚፕ

fecho de correr

የብረት ቆብ

capacete

መደገፊያ

suspensórios

የትምህርት ቤት የደንብ ልብስ

uniforme escolar

የደንብ ልብስ

uniforme

መሃረብ

babete

የእንጀራ እናት ጡጦ

chupeta

ሽንት ጨርቅ

fralda

ቢሮ

escritório

servidor
የፋይል መደርደሪያ ካቢኔ
armário de arquivo
የህትመት መሳሪያ
impressora
ወረቀት
papel
መቆጣጠሪያ
ecrã
rato
መፃፊያ ጠረጴዛ
secretária
ማህደር
pasta
የመፃፊ ቁልፎች
teclado
የቆሻሻ ወረቀት መጣያ ቅርጫት
cesto de lixo
computador
ወንበር
cadeira

የቡና መጠጫ ትልቅ ኩባያ

caneca de café

ማስልያ ማሽን

calculadora

ኢንተርኔት

internet

ላፕቶፕ

computador portátil

ደብዳቤ

carta

መልዕክት

mensagem

ተንቀሳቃሽ ስልክ

telemóvel

የግንኙነት አዉታር

rede

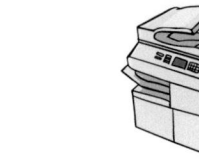

ማባዣ ማሽን

fotocopiadora

ሶፍትዌር

software

ስልክ

telefone

የግድግዳ ሶኬት

tomada elétrica

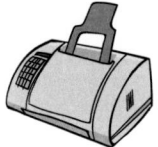

የፋክስ ማሽን

fax

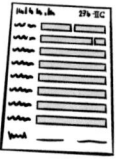

ቅፅ

formulário

ሰነድ

documento

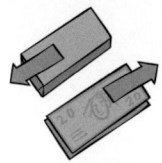

መግዛት

comprar

መክፈል

pagar

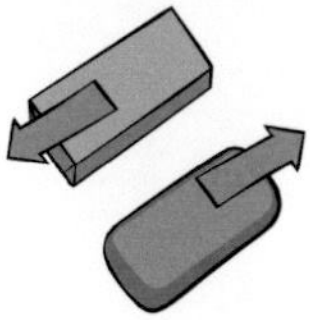

መነገድ

negociar

ገንዘብ

dinheiro

ዶላር

dólar

ዩሮ

euro

የን

yen

ሩብል

rublo

የስዊዝ ፍራንክ

franco suíço

ሬንሚንቢ ዩዋን

renminbi yuan

ሩጲ

rupia

የገንዘብ ነጥብ

caixa de multibanco

የዉጭ ገንዘብ ምንዛሪ ቢሮ

casa de câmbio

ወርቅ

ouro

ብር

prata

ዘይት

petróleo

ሀይል፤ ጉልበት

energia

ዋጋ

preço

ግንኙነት

contrato

ቀረጥ

imposto

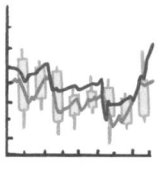

አክስዮን

ação

መስራት

trabalhar

ተቀጣሪ

empregado

ቀጣሪ

entidade patronal

ፋብሪካ

fábrica

ሱቅ

loja

የስራ ሙያዎች

profissões

የፖሊስ አዛዥ
agente da polícia
የእሳት አደጋ ሰራተኛ
bombeiro
ምግብ አብሳይ
cozinheiro
ዶክተር
médico
አብራሪ
piloto

አትክልተኛ

jardineiro

አናጢ

carpinteiro

ልብስ ሰፊ ሴት

costureira

ዳኛ

juiz

ቀማሚ

químico

ተዋናይ

ator

የአዉቶቢስ ሹፌር

motorista de autocarro

የታክሲ ሹፌር

motorista de táxi

አሳ አጥማጅ

pescador

ፅዳት ሰራተኛ

empregada de limpeza

የጣራ ሰራተኛ

telhador

አስተናጋጅ

empregado de mesa

አዳኝ

caçador

ሰዓሊ

pintor

ጋጋሪ

padeiro

የኤሌትሪክ ሰራተኛ

eletricista

ገምቢ

construtor

መሃንዲስ

engenheiro

ልኳንዳ

talhante

የቧንቧ ሰራተኛ

canalizador

የፖስታ ሰራተኛ

carteiro

ወታደር

soldado

መሃንዲስ

arquiteto

የሒሳብ ሰራተኛ

caixa

አበባ ሻጭ

florista

የፀጉር ሰራተኛ

cabeleireiro

ቲኬት ቆራጭ

controlador de bilhetes

መካኒክ

mecânico

ካፒቴን

capitão

የጥርስ ሐኪም

dentista

ተመራማሪ

cientista

መምህር

rabino

የሙስሊም ሃይማኖታዊ መሪ

imã

መነኩሴ

monge

ካህን

pastor

መሳሪያዎች

ferramentas

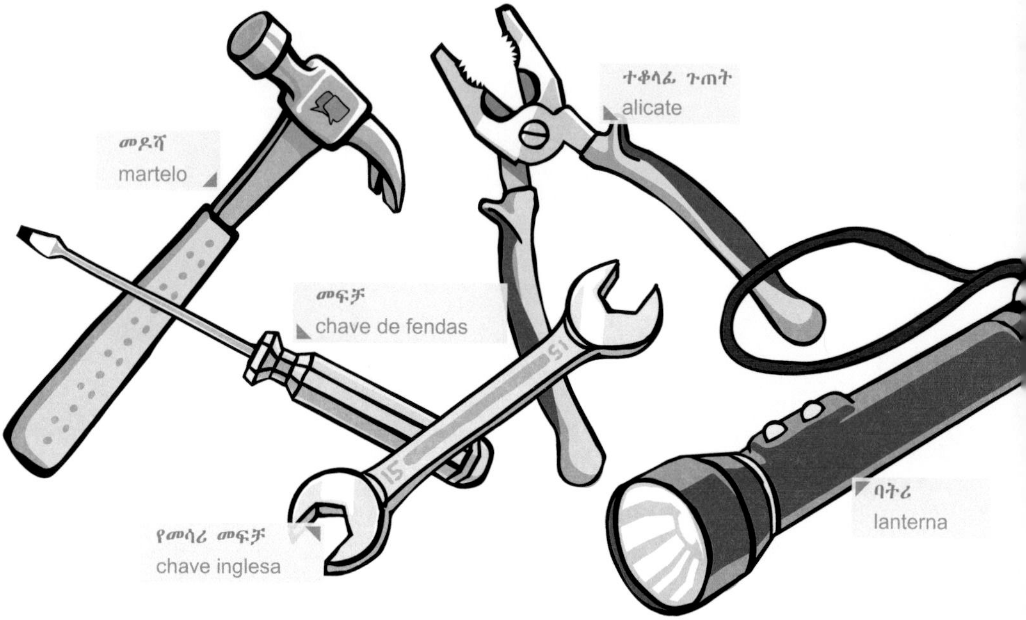

ተቆላፊ ጉጠት
alicate
መዶሻ
martelo
መፍቻ
chave de fendas
ባትሪ
lanterna
የመሳሪ መፍቻ
chave inglesa

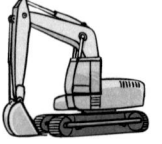

በቁፋሮ የሚዝቅ

escavadora

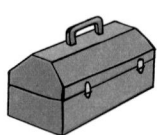

የመፍቻ ሳጥን

caixa de ferramentas

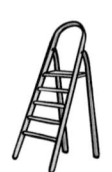

መሰላል

escadote

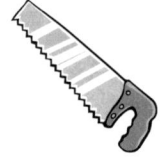

መጋዝ

serra

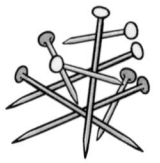

ምስማር

pregos

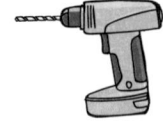

መሰርሰሪያ

broca

መጠገን

reparar

አካፋ

pá

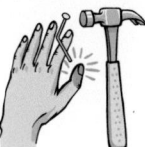

የተረገመ!

porcaria!

ቆሻሻ ማፈሻ

pá de lixo

የቀለም ቆርቆሮ

pote de tinta

ብሎን

parafusos

የሙዚቃ መሳሪያዎች

instrumentos musicais

የድምፅ ማጉያ መሳርያ
altifalante
የከበሮ መሳሪያዎች
bateria
ክራር መሰል የሙዚቃ መሳሪያ
guitarra
ድርብ ቤዝ ጊታር
contrabaixo
የትንፋሽ ሙዚቃ መሳሪያ
trompete

ፒያኖ

piano

ቫዮሊን

violino

ወፍራም፤ ጎርናና ድምፅ ያለዉ ክራር መሰል ሙዚቃ መሳሪያ

baixo

ነጋሪት

timbales

ከበሮ

tambor

በኤሌክትሪክ የሚሰራ ፒኖ

teclado

የትንፋሽ ሙዚቃ መሳሪያ

saxofone

ዋሽንት

flauta

የድምፅ ማጉያ

microfone

የደር እንስሳት ማቆያ
jardim zoológico

መግቢያ
entrada
ነብር
tigre
ሳጥን
gaiola
የሜዳ አህያ
zebra
የእንስሳ ምግብ
ração animal
ትልቅ ድብ
panda

እንስሳቶች

animais

ዝሆን

elefante

ካንጋሮ

canguru

አዉራሪስ

rinoceronte

ትልቅ ዝንጀሮ

gorila

ድብ

urso

ግመል

camelo

ሰጎን

avestruz

አንበሳ

leão

ጦጣ

macaco

ቅልጥመ ረዥም ወፍ

flamingo

በቀቀን

papagaio

የወዋልታ ድብ

urso polar

የዋልታ ወፎች

pinguim

ረጅም ጥርሶች ያሉትአሳ ነባሪ

tubarão

ጣዎስ

pavão

እባብ

cobra

አዞ

crocodilo

የዱር አራዊት የሚጠበቁበት
ማቆያን የሚጠብቅ

guarda do jardim zoológico

አሳ በሊታ የባህር እንስሳ

foca

የዱር ድመት

jaguar

ድንክ ፈረስ

pónei

ነብር

leopardo

ጉማሬ

hipopótamo

ቀጭኔ

girafa

ንስር

águia

ከርከሮ

javali

አሳ

peixe

የባህር ኤሊ.

tartaruga

የባህር አዉሬ

morsa

ቀበሮ

raposa

የሜዳ ፍየል ፤ ሚዳቋ

gazela

የስፖርት አይነቶች

desporto

የአሜሪካ እግርኳስ
futebol americano
የብስክሌት ስፖርት
ciclismo
ቴኒስ
ténis
የቅርጫት ኳስ
basquetebol
ዋና
natação
የቡጢ ስፖርት
boxe
የበረዶ ላይ የገና ጨዋታ
hóquei no gelo

እግር ኳስ

futebol

የላበ ኳስ ጨዋታ

badminton

አትሌቲክስ

atletismo

የእጅ ኳስ ስፖርት

andebol

የበረዶ መንሸራተት ስፖርት

esqui

ፈረስ ግልቢያ

polo

እንቅስቃሴዎች

atividades

መሳቅ
rir
መዝለል
saltar
ማቀፍ
abraçar
መራመድ
andar
መዘመር
cantar
ህልም ማለም
sonhar
መፀለይ
rezar
መሳም
beijar

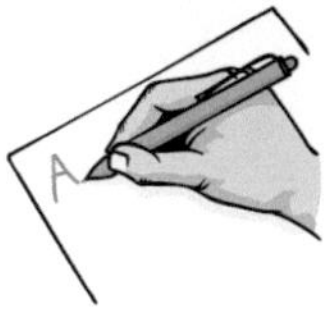

መፃፍ

escrever

መሳል

desenhar

ማሳየት

mostrar

መግፋት

empurrar

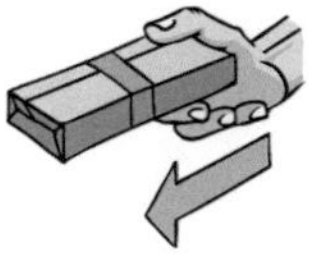

መስጠት

dar

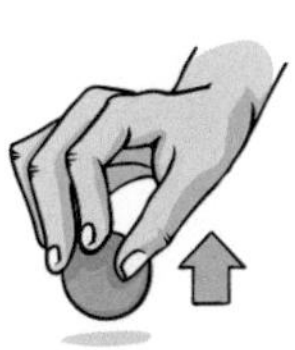

መዉሰድ

tomar

መያዝ

ter

ማድረግ

fazer

መሆን

ser

መቆም

ficar de pé

መሮጥ

correr

መሳብ

puxar

መወርወር

remessar

መዉደቅ

cair

መዋሸት

deitar

መጠበቅ

esperar

መሸከም

carregar

መቀመጥ

sentar

መልበስ

vestir

መተኛት

dormir

መንቃት

acordar

መመልከት

olhar para

ማለልቀስ

chorar

መጫር

acariciar

ማበጠር

pentear

ማዉራት

falar

መረዳት

compreender

ጥያቄ

perguntar

ማዳመጥ

ouvir

መጠጣት

beber

መብላት

comer

ማንፃት

arrumar

ማፍቀር

amar

ምግብ ማብሰል

cozinhar

መንዳት

conduzir

መብረር

voar

መርከብ መንዳት

velejar

ቁጥሮችን ማስላት

calcular

ማንበብ

ler

መማር

aprender

መስራት

trabalhar

ማግባት

casar

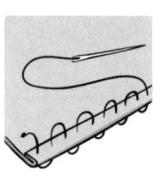

መስፋት

costurar

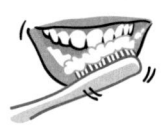

ጥርስ መቦረሽ

escovar os dentes

መግደል

matar

ማጨስ

fumar

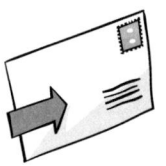

መላክ

enviar

ቤተሰብ

família

የሴት አያት
avó
የወንድ አያት
avô
አባት
pai
እናት
mãe
ህፃን
bebé
ሴት ልጅ
filha
ወንድ ልጅ
filho

እንግዳ

convidado

አክስት

tia

አጎት

tio

ወንድም

irmão

እህት

irmã

አካል

corpo

ግንባር
testa
olho
ombro
ጣት
dedo
ፊት
cara
አገጭ
queixo
እጅ
mão
ጡት
peito
እግር
perna
ክንድ
braço

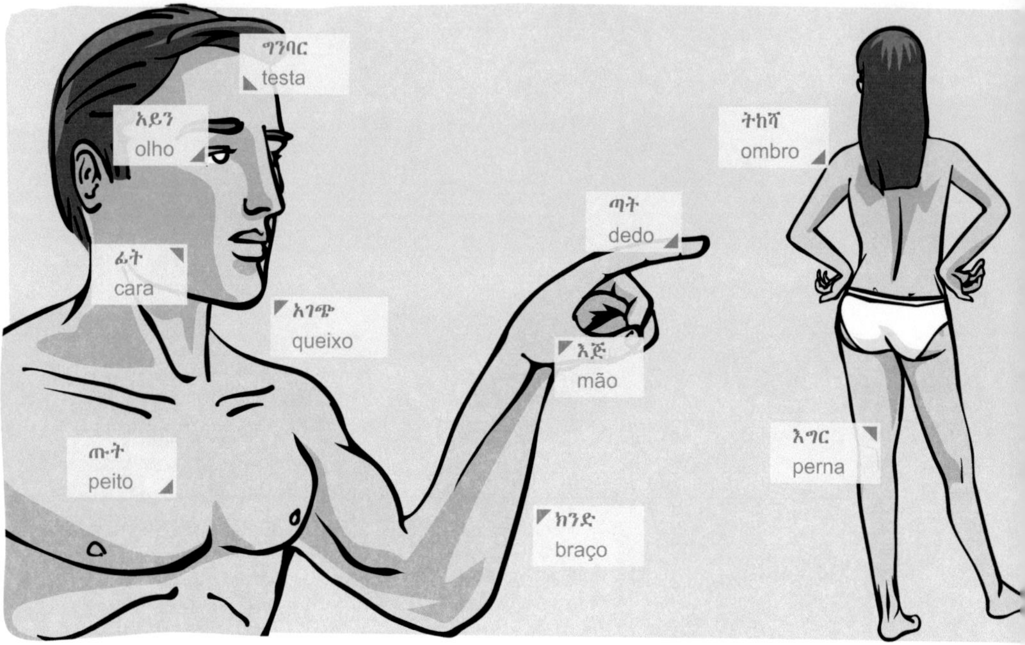

ህፃን

bebé

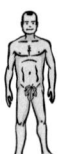

ሰዉ

homem

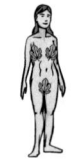

ሴት

mulher

ልጃገረድ

menina

ወንድ ልጅ

menino

ራስ

cabeça

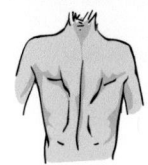

ጀርባ

costas

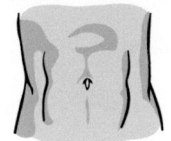

ሆድ

barriga

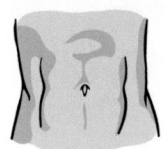

እምብርት

umbigo

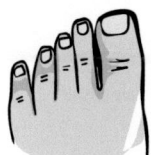

የእግር ጣት

dedo do pé

ተረከዝ

calcanhar

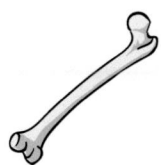

አጥንት

osso

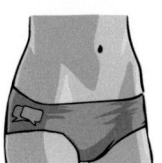

ዳሌ

anca

ጉልበት

joelho

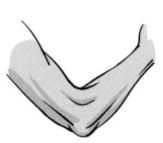

ክርን

cotovelo

አፍንጫ

nariz

ቂጥ

nádegas

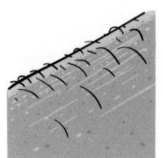

ቆዳ

pele

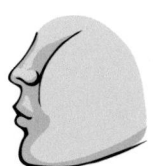

ጉንጭ

bochecha

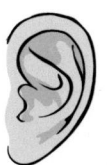

ጆሮ

orelha

ከንፈር

lábio

አፍ

boca

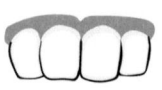

ጥርስ

dente

ምላስ

língua

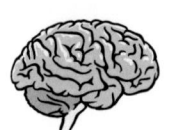

አንጎል

cérebro

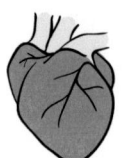

ልብ

coração

ጡንቻ

músculo

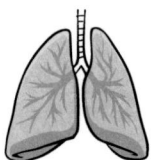

ሳምባ

pulmão

ጉበት

fígado

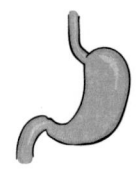

ሆድ

estômago

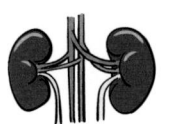

ኩላሊቶች

rins

የግብረስጋ ግንኙነት

relações sexuais

ኮንዶም

preservativo

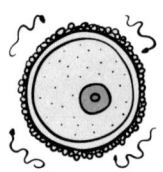

የሴት እንቁላል

óvulo

የዘር ፈሳሽ

esperma

እርግዝና

gravidez

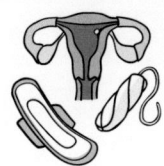

የወር አበባ

menstruação

እምስ

vagina

ቁላ

pénis

ቅንድብ

sobrancelha

ፀጉር

cabelo

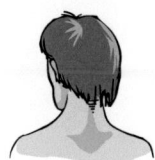

አንገት

pescoço

ሆስፒታል
hospital

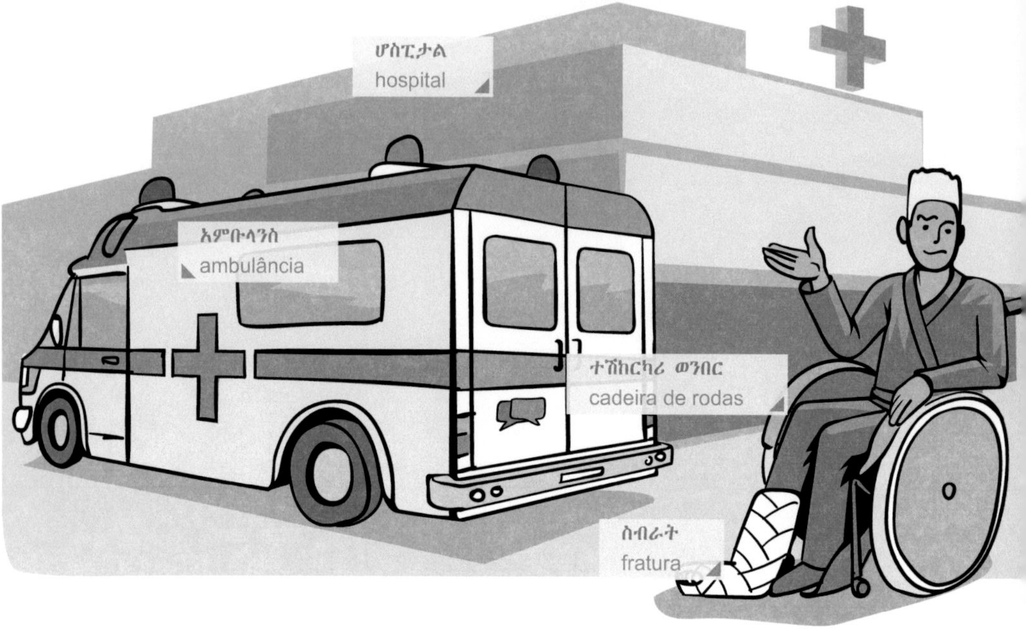

ሆስፒታል
hospital
አምቡላንስ
ambulância
ተሽከርካሪ ወንበር
cadeira de rodas
ስብራት
fratura

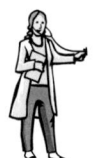

ዶክተር

médico

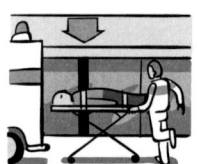

ድንገተኛ ክፍል

serviço de urgências

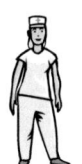

ነርስ

enfermeira

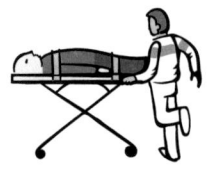

ድንገተኛ

emergência

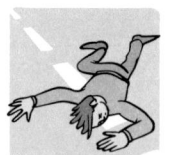

ራስን መሳት/ አለማወቅ

inconsciente

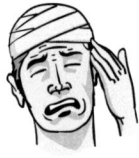

ህመም

dor

ጉዳት

ferimento

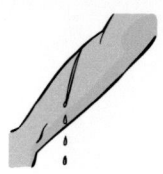

መድማት

hemorragia

የልብ ድካም

ataque cardíaco

ስትሮክ

acidente vascular cerebral

አለርጂ

alergia

ሳል

tosse

ትኩሳት

febre

ኢንፍሎዌንዛ

gripe

ተቅማጥ

diarreia

የራስ ምታት

dor de cabeça

ካንሰር

cancro

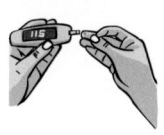

የስኳር በሽታ

diabetes

ቀዶ ጠጋኝ ሐኪም

cirurgião

የቀዶ ጥገና ስለት

bisturi

ቀዶ ጥገና

operação

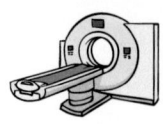

ሲቲ

CT

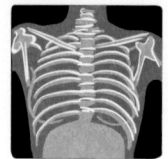

ኤክስሬዬ

raio x

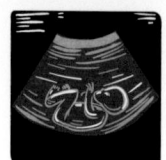

አልትራሳዉንድ

ultrassom

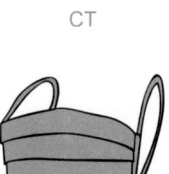

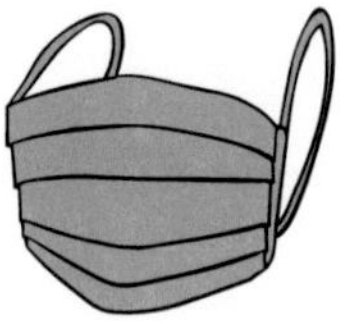

የፊት ጭምብል

máscara

በሽታ

doença

መጠበቂያ ክፍል

sala de espera

ምርኩዝ

muleta

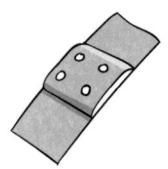

የቁስል ማሸጊያ

penso rápido

ፋሻ

ligadura

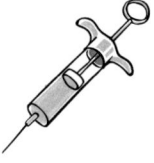

መርፌ

injeção

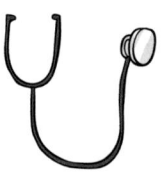

የልብ ምት ማዳመጫ መሳሪያ

estetoscópio

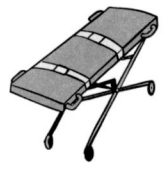

የበሽተኛ አልጋ

maca

የህክምና ሙቀት መለኪያ መሳሪያ

termómetro

መውለድ

nascimento

ከልክ ያለፈ ክብደት

excesso de peso

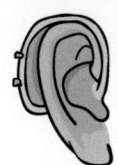

ለመስማት የሚረዳ መሳሪያ

aparelho auditivo

ፀረ ተባይ መድሀኒት

desinfetante

ማመርቀዝ

infeção

ቫይረስ

vírus

ኤች አይቪ ኤድስ

HIV / SIDA

ህክምና

medicamento

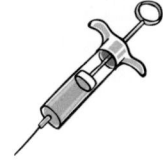

ክትባት

vacinação

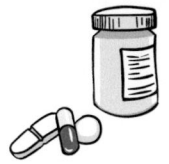

ኪኒን

comprimidos

ኪኒን

pílula

አስቸኳይ የስልክ ጥሪ

chamada de emergência

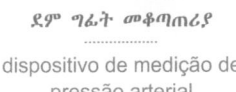

ደም ግፊት መቆጣጠሪያ

dispositivo de medição de pressão arterial

ህመም/ ጤንነት

doente / saudável

እርዳታ!

Socorro!

ማንቂያ ደወል

alarme

ጥቃት

assalto

ድብደባ

ataque

አደጋ

perigo

የድንገተኛ መዉጫ

saída de emergência

እሳት!

Fogo!

እሳት ማጥፊያ

extintor de incêndios

አደጋ

acidente

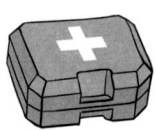

የመጀመሪያ እርዳታ መድሃኒት መያዣ

estojo de primeiros socorros

ነፍስ አድን

SOS

ፖሊስ

polícia

ምድር

terra

አዉሮፓ

Europa

ሰሜን አሜሪካ

América do Norte

ደቡብ አሜሪካ

América do Sul

አፍሪካ

África

እስያ

Ásia

አዉስትራሊያ

Austrália

አትላንቲክ

Atlântico

ፓስፊክ

Pacífico

የህንድ ዉቅያኖስ

Oceano Índico

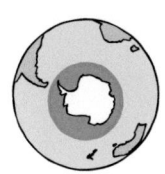

አንታርክቲክ ዉቅያኖስ

Oceano Antártico

አርክቲክ ዉቅያኖስ

Oceano Ártico

ሰሜን ዋልታ

Polo Norte

ደቡብ ዋልታ

Polo Sul

አንታርክቲካ

Antártica

ምድር

terra

መሬት

país

ባህር

mar

ደሴት

ilha

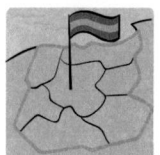

አገርና ህዝብ

nação

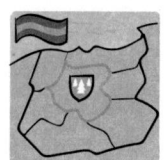

መንግስት

estado

ሰዓት

relógio

የሰዓት ገፅታ

mostrador do relógio

ሰዓት

ponteiro das horas

ደቂቃ

ponteiro dos minutos

ሴኮንድ

ponteiro dos segundos

ስንት ሰዓት ነው?

Que horas são?

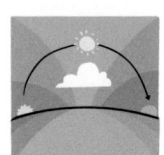

ቀን

dia

ጊዜ

tempo

አሁን

agora

የቁጥር ሰዐት

relógio digital

ደቂቃ

minuto

ሰዓታት

hora

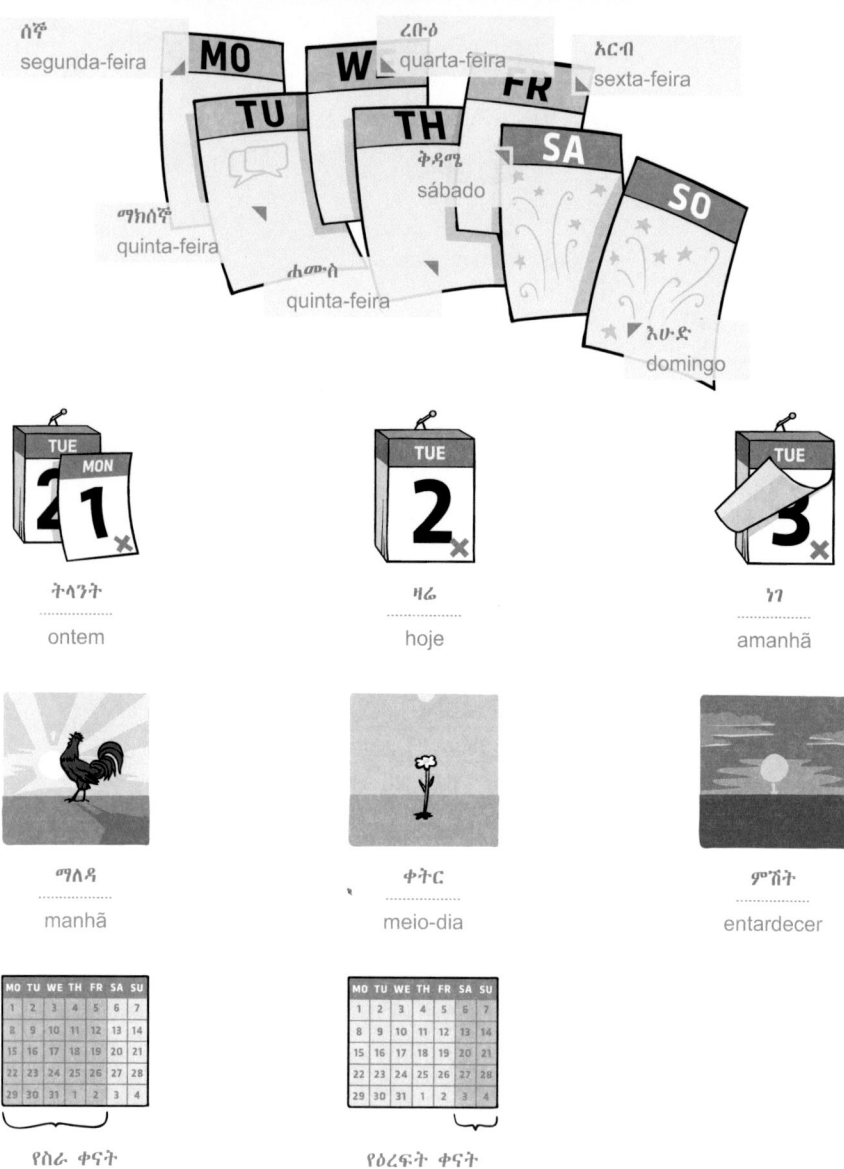

ሳምንት

semana

ሰኞ
segunda-feira

ረቡዕ
quarta-feira

አርብ
sexta-feira

ቅዳሜ
sábado

ማክሰኞ
quinta-feira

ሐሙስ
quinta-feira

እሁድ
domingo

ትላንት
....
ontem

ዛሬ
....
hoje

ነገ
....
amanhã

ማለዳ
....
manhã

ቀትር
....
meio-dia

ምሽት
....
entardecer

የስራ ቀናት
....
dias úteis

የዕረፍት ቀናት
....
fim de semana

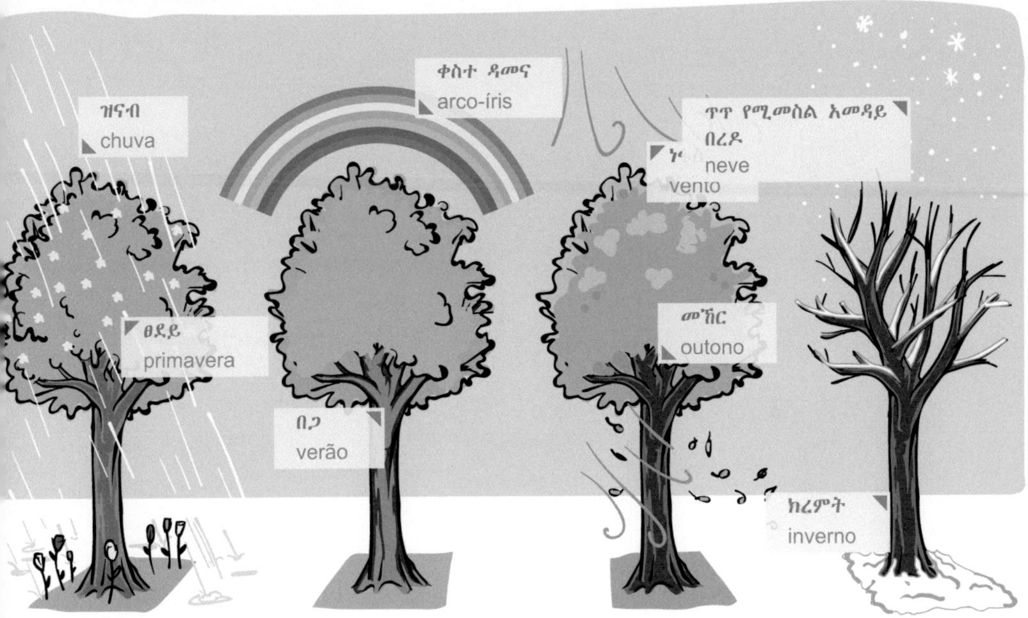

ቀስተ ዳመና
arco-íris

ዝናብ
chuva

ጥጥ የሚመስል አመዳይ
በረዶ
neve
vento

ፀደይ
primavera

መኸር
outono

በጋ
verão

ክረምት
inverno

4.APRIL	11°	☀
5.APRIL	4°	🌧
6.APRIL	13°	🌧
7.APRIL	8°	☀
8.APRIL	10°	☀

የአየር ሁኔታ ትንበያ

previsão do tempo

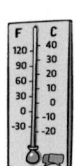

የሙቀት መለኪያ

termómetro

የፀሀይ ሙቀት

raios de sol

ደመና

nuvem

ጭጋግ

neblina / nevoeiro

እርጥበታማነት

humidade do ar

መብረቅ

relâmpago

ነጎድጓድ

trovão

አዉሎ ንፋስ

tempestade

የበረዶ ዝናብ

granizo

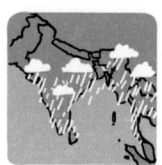

አዉሎ ንፋስ

monção

ጎርፍ

inundação

በረዶ

gelo

ጥር

janeiro

የካቲት

fevereiro

መጋቢት

março

ሚያዚያ

abril

ግንቦት

maio

ሰኔ

junho

ሐምሌ

julho

ነሀሴ

agosto

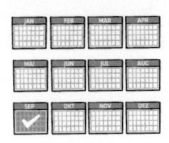

መስከረም

setembro

ጥቅምት

outubro

ህዳር

novembro

ታህሳስ

dezembro

ቅርፆች

formas

ክብ

círculo

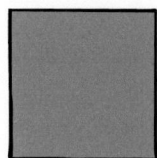

አራት ማዕዘን

quadrado

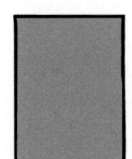

አራት ቀጥተኛ ማዕዘኖች ጎኖች ያሉት ቅርፅ

retângulo

ሶስት ማዕዘን

triângulo

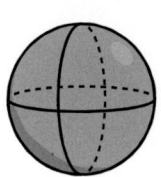

ሉል

esfera

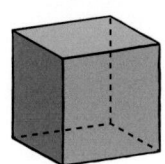

ስድስት ጎን ያለዉ ቅርፅ

cubo

ቀለማት

cores

ነጭ

branco

ቢጫ

amarelo

ብርቱካናማ

laranja

ሮዝ

rosa

ቀይ

vermelho

ወይን ጠጅ

lilás

ሰማያዊ

azul

አረንጓዴ

verde

ቡኒ

castanho

ግራጫ

cinzento

ጥቁር

preto

ተቃራኒዎች

opostos

ብዙ/ ጥቂት

muito / pouco

ንዴት/ እርጋታ

furioso / calmo

ቆንጆ/ አስቀያሚ

lindo / feio

ጅማሬ/ ፍፃሜ

princípio / fim

ትልቅ/ ትንሽ

grande / pequeno

ደማቅ/ ደብዛዛ

claro / escuro

ወንድም/ እህት

irmão / irmã

ንፁህ/ ቆሻሻ

limpo / sujo

የተሟላ/ ያልተሟላ

completo / incompleto

ቀን/ ምሽት

dia / noite

የሞተ/ ህያዉ

morto / vivo

ሰፊ/ ጠባብ

largo / estreito

የሚበላ/ የማይበላ

comestível / não comestível

ክፉ/ ደግ

mau / gentil

ደስተኛ/ ድብርተኛ

entusiasmado / entediado

ወፍራም/ ቀጭን

gordo / magro

መጀመርያ/ መጨረሻ

primeiro / último

ጓደኛ/ ጠላት

amigo / inimigo

ሙሉ/ ጎዶሎ

cheio / vazio

ጠንካራ/ ለስላሳ

duro / macio

ከባድ/ ቀላል

pesado / leve

ረሃብ/ ጥማት

fome / sede

ህመም/ ጤንነት

doente / saudável

ህገወጥ/ ህጋዊ

ilegal / legal

ጎበዝ/ ደደብ

inteligente / burro

ግራ/ ቀኝ

esquerda / direita

ቅርብ/ ሩቅ

perto / longe

አዲስ/ አሮጌ

novo / usado

ምንም/ የሆነ ነገር

nada / algo

ሽማግሌ/ ወጣት

velho / jovem

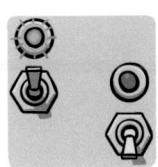

የበራ/ የጠፋ

ligado / desligado

ክፍት/ ዝግ

aberto / fechado

ፀጥታ/ ጫጫታ

baixo / alto

ሃብታም/ ደሃ

rico / pobre

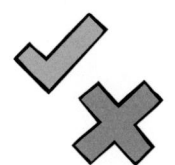

ትክክለኛ/ የተሳሳተ

certo / errado

ሻካራ/ ለስላሳ

áspero / liso

ሐዘን/ ደስታ

triste / feliz

አጭር/ ረዥም

curto / longo

ዝግተኛ/ ፈጣን

lento / rápido

እርጥብ/ ደረቅ

molhado / seco

ሞቃት/ ቀዝቃዛ

ameno / fresco

ጦርነት/ ሰላም

guerra / paz

ቁጥሮች

números

0

ዜሮ

zero

1

አንድ

um

2

ሁለት

dois

3

ሶስት

três

4

አራት

quatro

5

አምስት

cinco

6

ስድስት

seis

7

ሰባት

sete

8

ስምንት

oito

9

ዘጠኝ

nove

10

አስር

dez

11

አስራ አንድ

onze

12

አስራ ሁለት

doze

13

አስራ ሶስት

treze

14

አስራ አራት

catorze

15

አስራ አምስት

quinze

16

አስራ ስድስት

dezasseis

17

አስራ ሰባት

dezassete

18

አስራ ስስምንት

dezoito

19

አስራ ዘጠኝ

dezanove

20

ሃያ

vinte

100

መቶ

cem

1.000

ሺህ

mil

1.000.000

ሚሊዮን

milhão

ቋንቋዎች

idiomas

እንግሊዝኛ

inglês

የአሜሪካ እንግሊዝኛ

inglês americano

የቻይና ማንዳሪን

chinês mandarim

ሂንዱ

hindi

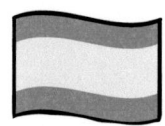

ስፓኒሽ

espanhol

ፍሬንች

francês

አረብኛ

árabe

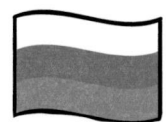

ራሺያኛ

russo

ፖርቹጊዝ

português

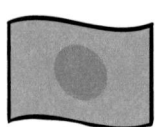

ቤንጋሊ

bengalês

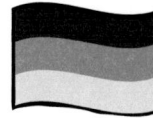

ጀርመን

alemão

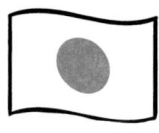

ጃፓንኛ

japonês

ማን/ ምን/ እንዴት

quem / o quê / como

እኔ

eu

አንተ

tu

እሱ/ እርሷ/ እቃዉ

ele / ela

እኛ

nós

አንተ

vós

እነርሱ

eles / elas

ማን?

quem?

ምን?

o quê?

እንዴት?

como?

የት?

onde?

መቼ?

quando?

ስም

nome

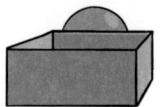

የት

onde

በስተጀርባ

atrás

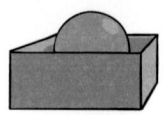

ዉስጥ

em

ከፊት ለፊት

à frente de

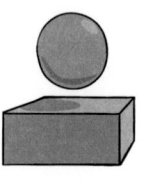

ከላይ

sobre

ላይ

em cima

ከስር

debaixo

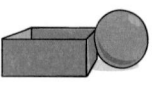

አጠገብ

ao lado

መሃከል

entre

ቦታ

lugar